AF370001

TABLEAUX MODERNES

90 Aquarelles et Dessins

PAR

J. J. VEYRASSAT

HOTEL DROUOT, SALLE N° 8

Le Mardi 22 Décembre 1896

A DEUX HEURES ET DEMIE

COMMISSAIRE-PRISEUR	EXPERT
Me LÉON TUAL	**M. BERNHEIM JEUNE**
56, rue de la Victoire, 56	8 rue Laffitte, 8

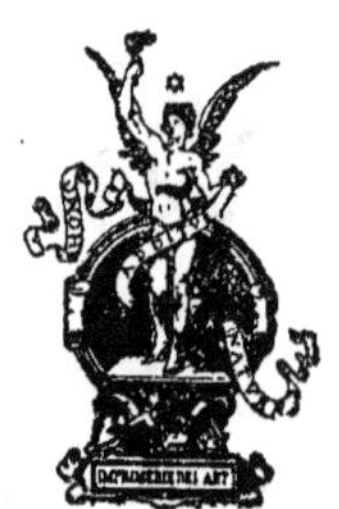

CATALOGUE

DE

TABLEAUX

Et Aquarelles

PAR

G. Boulanger, Daubigny, Detaille, Français
Harpignies, Ch. Jacque, Lepine, Puvis de Chavannes
Th. Ribot, Troyon, Veyrassat

90 Aquarelles et Dessins

PAR

J. J. VEYRASSAT

DONT LA VENTE AURA LIEU

HOTEL DROUOT, SALLE N° 8

Le Mardi 22 Décembre 1896

à deux heures et demie

COMMISSAIRE-PRISEUR	EXPERT
Mᵉ LÉON TUAL	M. BERNHEIM JEUNE
56, rue de la Victoire, 56	8, rue Laffitte, 8

EXPOSITION

Le Lundi 21 Décembre 1896, de 1 h. 1/2 à 5 h. 1/2

CONDITIONS DE LA VENTE

Elle sera faite au comptant.

Les acquéreurs paieront *cinq pour cent* en sus des adjudications.

Imprimerie de l'Art, E. Moreau et Cie, 41, rue de la Victoire

DÉSIGNATION

TABLEAUX MODERNES

BOULANGER
(G.)

1 — *Étude.*

BOULANGER
(G.)

2 — *Le Cheval.*

DAUBIGNY

3 — *Paysage.*

DETAILLE
(E.)

4 — *Un Officier.*
Aquarelle.

FRANÇAIS

5 — *La Moisson.*

HARPIGNIES

6 — *Souvenir d'Orient.*
Aquarelle.

HARPIGNIES

7 — *Crépuscule.*
Aquarelle.

JACQUE
(CH.)

8 — *Le Pâturage.*

LEPINE
(S.)

9 — *Crépuscule.*

LEPINE
(S)

10 — *Bords de la Seine.*

LEPINE
(S.)

11 — *Bords de l'eau.*

LEPINE
(S.)

12 — *Bords de l'Oise.*

PUVIS DE CHAVANNES

13 — *Tête de femme.*

RIBOT
(CH.)

14 — *La Lecture.*

Dessin.

RIBOT
(CH.)

15 — *Le Boulanger.*

Dessin.

RIBOT
(CH.)

16 — *Les Cuisiniers.*

Dessin.

RIBOT
(CH.)

17 — *Bretonnes.*
    Dessin.

TROYON
(C.)

18 — *Saint-Cloud.*
    Pastel.

VEYRASSAT ·

19 — *La Ferme.*

VEYRASSAT

20 — *Chevaux de halage.*

VEYRASSAT

21 — *Le Páturage.*

VEYRASSAT

22 — *Causerie.*

AQUARELLES ET DESSINS

PAR

J. J. VEYRASSAT

106 — *Le Repos*.

107 — *Le Ferrage*.

108 — *Le Passage de la rivière*.

109 — *A travers Champs*.

110 — *Le Maréchal-ferrant*.

111 — *Chevaux de halage*.

112 — *La Moisson*.

BROCHES

113 — Berchère, petite broche avec sa monture
en or.

114 — O. de Penne, petite broche avec sa monture en or.

115 — Brissol, petite broche avec sa monture
en or.

116 — O. de Penne, petite broche avec sa monture en or.